NOTICE BIOGRAPHIQUE

SUR

M. ADRIEN SAINT-PAUL

CI-DEVANT INGÉNIEUR-MÉCANICIEN A LYON

ACTUELLEMENT ENTREPRENEUR DE CONSTRUCTIONS
ET PROPRIÉTAIRE A MARSEILLE

PAR

M. BEZON

Auteur du Dictionnaire Général des Tissus.

A chacun le mérite de ses œuvres.

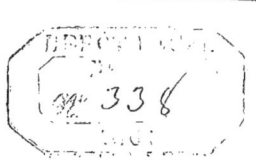

LYON

IMPRIMERIE ET LITHOGRAPHIE L. JACQUET ET VETTARD,
rue Quatre-Chapeaux, 1.

1867.

NOTICE BIOGRAPHIQUE

SUR

M. ADRIEN SAINT-PAUL

CI-DEVANT INGÉNIEUR-MÉCANICIEN A LYON

ACTUELLEMENT ENTREPRENEUR DE CONSTRUCTIONS
ET PROPRIÉTAIRE A MARSEILLE

PAR

M. BEZON,

Auteur du Dictionnaire Général des Tissus.

À chacun le mérite de ses œuvres.

L'institution des Expositions universelles, de ces grands tournois des temps modernes, où toutes les nations du globe viennent engager une lutte à armes courtoises, en étalant les produits de leurs diverses industries, a eu pour but évident d'appeler tous les mérites à se produire, toutes les capacités à faire valoir leurs titres à de justes récompenses... *Hic sua palma meriti!*

Au moment donc où vient de s'ouvrir l'Exposition de 1867, cette solennelle exhibition qui tiendra une si belle place dans les fastes industriels, nous croyons remplir un acte de justice en appelant l'attention publique sur l'un de nos concitoyens, M. Adrien Saint-Paul, qui, après avoir longtemps habité Lyon où il s'est fait avantageusement connaître, a, depuis quelque temps, fixé sa résidence à Marseille.

Nous connaissons M. Saint-Paul de longue date ; nous avons vu et expérimenté les heureuses innovations qu'il a successivement introduites dans la fabrication des velours, durant une période de quinze à dix-huit ans. Dans notre *Dictionnaire général des Tissus anciens et modernes*, nous avons décrit les plus remarquables des inventions et perfectionnements dont la fabrique de Lyon est redevable à son génie créateur. Mais ces notices ont pu passer inaperçues au milieu de la multitude de procédés indiqués dans notre ouvrage. Ces descriptions, d'ailleurs, sont accompagnées de détails trop circonstanciés pour tenir place dans ce simple exposé. Nous devons nous borner ici à présenter des aperçus sommaires quoique précis, en rappelant des découvertes qui ont fait époque, et dont l'industrie du tissage a retiré tant d'avantages reconnus et constatés.

Ajoutons que, tout récemment, de nouveaux titres sont venus se joindre à ceux qui recommandaient déjà M. Saint-Paul. Nous voulons parler des immenses travaux qu'il a entrepris et exécutés à Marseille, où, sur un espace de terrain de 6,500 mètres, il a, depuis deux ans, élevé des constructions grandioses et monumentales. Nous nous réservons de consacrer quelques lignes à une description sommaire de ces édifices, dont s'énorgueillit maintenant, à juste titre, l'antique cité des Phocéens ; mais nous avons d'abord à suivre M. Saint-Paul dans les phases de la carrière industrielle qu'il a parcourue à Lyon, où il a laissé de si honorables souvenirs. Constatons toutefois, dès à présent, que si l'entreprise colossale faite à Marseille par M. Saint-Paul, a été fructueuse pour lui et a considérablement augmenté sa fortune, elle a été aussi une œuvre d'utilité publique, puisqu'elle a assaini tout un quartier en l'embellissant et en changeant totalement son aspect.

Et si l'on songe que deux années ont suffi pour opérer cette transformation ; si l'on tient compte à M. Saint-Paul des conditions peu favorables dans lesquelles il se trouvait, lui qui ne possédait sur l'art des Vitruve, des Michel-Ange et des Soufflot, que de légères notions, fruit des leçons prises, aux jours de sa jeunesse, dans le cabinet de M. Dupasquier, architecte à Lyon, on reconnaîtra qu'il lui a fallu pour mener à bien cette entreprise gigantesque, hérissée de multiples difficultés, une activité incroyable, une prodigieuse habileté.

Constatons encore que ce qui doit rehausser aux yeux de tous le mérite de M. Saint-Paul, c'est d'être arrivé à l'opulence, d'avoir conquis une belle position, sans être appuyé sur d'autres secours que son travail et sa persistante volonté.

En le suivant, comme nous allons le faire, depuis ses débuts dans le monde jusqu'au moment où nous écrivons, nous le trouverons toujours uniquement occupé de pensées et de combinaisons utiles. Etranger à toute coterie politique, il a assisté, sans y prendre part, à toutes les phases d'agitation que la fabrique de Lyon a traversées. Fabricants et ouvriers pourraient au besoin lui rendre justice, en témoignant qu'ils l'ont toujours vu remplir les devoirs d'un citoyen ami de l'ordre ; que jamais il ne s'est écarté des principes de la modération, et qu'il s'est constamment montré animé du désir de concilier la tranquillité publique avec le progrès et une sage liberté.

A peine sorti de l'adolescence, un homme quitte son pays natal. Presque dénué de ressources, il arrive dans une grande cité manufacturière pour s'y livrer à une profession manuelle. Après quelques pas faits dans la carrière où il a débuté, il la quitte pour en aborder une autre, plus difficile, il est vrai, mais vers laquelle l'entraînaient ses secrètes inclinations. Bientôt des circonstances fortuites viennent encore modifier ses projets et changer sa position. Dans une spécialité d'industrie, toute différente de celle qu'il avait commencé d'exploiter, il montre une aptitude surprenante et véritablement hors ligne; il révèle un génie inventif, qui se manifeste par de nombreuses innovations, par de remarquables perfectionnements.

Puis, lorsque par son intelligence et par d'assidus travaux, il a réalisé un pécule assez considérable, nous le voyons chercher dans des spéculations qui doivent être utiles à ses concitoyens, un aliment à cet impérieux besoin d'activité qui sans cesse le tourmente. Le succès couronne ses entreprises. La fortune, dit-on, seconde les audacieux : *Audaces fortuna juvat;* mais on sait aussi que la fortune ne prête son aide qu'aux audacieux doués d'une indomptable énergie, d'une forte et persévérante volonté.

C'est donc parce que ces conditions de réussite se trouvaient réunies chez M. Saint-Paul, qu'il a acquis une opulence dont il a d'autant plus de raison d'être satisfait, qu'il ne la doit qu'à lui-même, et non à ses aïeux.

Oui, M. Saint-Paul est fils de ses œuvres. Il entrait dans la première jeunesse, lorsque de Saint-Hippolyte, petite ville du département du Gard, où il avait été élevé, et où son père était établi orfèvre, il vint à Lyon, très-léger d'argent et peu embarrassé de bagages, apprendre chez son frère aîné le tissage des étoffes de soie. Ses goûts ne le portaient nullement vers cette profession ; il ne fallait qu'une circonstance pour l'y faire renoncer ; l'occasion se présenta, il la saisit. Ayant toujours eu un secret penchant pour l'industrie paternelle, il résolut de l'entreprendre et d'arriver à l'exercer. Or, plus que beaucoup d'autres, la spécialité commerciale qu'il avait choisie, se présente hérissée d'entraves à tout débutant qui ne dispose que de très-minimes ressources pécuniaires. Cependant, comme il était doué au suprême degré de cette persévérance qui surmonte les obstacles, il réussit à triompher des difficultés qui se pressèrent devant ses premiers pas. Si nous le perdons de vue pendant quelques années, nous le retrouvons installé à Lyon dans un magasin d'orfèvrerie; mais il était sans doute écrit au livre des destins que ce ne serait point par cette voie qu'il arriverait à la fortune.

Il y avait alors à Lyon très-peu d'ouvriers aptes à fabriquer des fers à velours dans les conditions requises pour la bonne confection du tissu. Cependant, il se produisait à cette époque une quantité considérable de nouveautés en peluches et velours (nous parlons de 1838 à 1840, 41, 42 et années suivantes). On engagea M. Saint-Paul, dont on connaissait l'habileté et les connaissances en mécanique, à se livrer à cette spécialité d'industrie, en lui faisant entrevoir la perspective de gains considérables. Bien que les propositions fussent de nature séduisante, il hésita longtemps; car son commerce d'orfèvrerie prospérait; et, nous l'avons dit, il l'avait choisi par prédilection. Ce ne fut qu'avec peine, ce ne fut qu'à force de pressantes sollicitations, que l'on parvint à triompher de ses premiers refus. Le voilà donc lancé sur une route nouvelle; mais il y apporta cette intelligence créatrice, cet esprit d'initiative, qui savent quitter les sentiers battus pour se mettre à la recherche de tout ce qui constitue un perfectionnement, un progrès. Les qualités qui distinguent les inventeurs : hardiesse de vues, facilité de conception, ténacité à suivre une idée, persistance à marcher vers le but sans s'effrayer des obstacles, M. Saint-Paul les possédait toutes à un degré éminent. Aussi, pendant une période de plus de vingt années, le verrons-nous infatigable à l'œuvre, combiner sans cesse des procédés ingénieux. Comme ces grands foudres de guerre, qui, au sortir d'une victoire, au lendemain d'une conquête, aspirent à de nouvelles palmes, à de nouveaux agrandissements de leurs états, il ne cessait d'explorer le vaste domaine de l'industrie pour y faire quelque nouvelle découverte, pour y chercher un nouveau sujet d'étude, et remporter un nouveau succès.

Nous venons d'établir une sorte de comparaison entre les conquérants et les inventeurs. Les uns et les autres déploient une ardeur égale lorsqu'il s'agit d'atteindre leur but. Toutefois, là se borne l'analogie; car, d'une part, les lauriers du conquérant coûtent des pleurs à l'humanité; d'une autre part, la célébrité s'attache toujours à son nom; tandis que les succès de l'inventeur profitent à tout le corps social; ses découvertes font faire à l'industrie, au commerce, ou à l'agriculture, de nouveaux pas dans la voie du progrès; mais quant à lui, rarement il obtient la juste récompense de ses veilles et de ses efforts; souvent il se voit disputer et même ravir par des frêlons le fruit de ses pénibles travaux. Que d'exemples sont là pour attester cette vérité désolante! Nous n'avons pas besoin d'en aller chercher hors de notre sujet, car nous en citerons un assez frappant, à propos de la plus importante, à notre avis, des inventions de M. Saint-Paul. Après tout, pouvait-il être exempt de la loi commune? Les inventeurs assez heureux pour s'y soustraire, ne représentent-ils pas l'infime catégorie des exemptions?

Avant d'entrer dans la nomenclature des innovations que nous allons décrire par ordre chronologique, sans nous astreindre cependant à assigner à chacune d'elles une date précise, constatons qu'elles se sont succédé à peu d'intervalle, et que toutes, bien qu'à degrés différents, ont eu pour l'industrie du tissage les plus fructueux résultats. Il est donc de toute équité de les rappeler comme des titres pour M. Saint-Paul à la reconnaissance de ses concitoyens. Pour lui, comme pour beaucoup d'autres dont nous avons soutenus les droits méconnus, nous répéterons la devise que nous avons constamment adoptée : *Cuique suum jus*, à chacun son droit ; à chacun le mérite de ses œuvres !

I.

1. Vers 1840, M. Saint-Paul livra, le premier, au commerce, des fers métalliques destinés à la confection des peluches en 6/4. Jusqu'alors on n'avait employé, à Lyon, pour le tissage des peluches, que des fers de bois; or, ceux-ci ne permettaient pas de donner, à beaucoup près, d'aussi fortes réductions que celles obtenues à l'aide des fers métalliques. D'ailleurs, la fabrication de peluches d'une dimension telle que les 6/4, avec l'emploi des fers de bois laissait beaucoup à désirer sous le rapport de la bonne confection du tissu, parce que cette sorte de fers se voilant, se tordant, multipliait les difficultés du travail. En permettant de tisser dans de bonnes conditions un genre de peluches qui, jusques-là, n'avait pu être traité convenablement, l'application des fers métalliques a donc été d'un immense avantage; et M. Saint-Paul, à qui elle est due, a rendu ainsi un service réel à la fabrique de Lyon.

2. A peu de temps de là, M. Saint-Paul produisit plusieurs variétés de fers métalliques, destinés à la confection d'une foule d'articles nouveautés, entre autres des tissus appelés *duvet de cygne*. Ces diverses combinaisons de fers métalliques répondaient aux exigences du mo-

ment, le velours étant alors en haute faveur, surtout pour modes et gilets. Nous ne ferons pas l'énumération de toutes ces combinaisons variées, nous constaterons seulement qu'elles ont facilité la production de bon nombre d'articles nouveautés. Cependant, nous devons entrer dans quelques détails sur une sorte de fers, dits à *boule de neige*, dans lesquels, de distance en distance, se trouvaient des formes de rondelles séculaires, donnant les hauteurs nécessaires pour faire la boule. On pouvait ainsi appliquer sur un tissu velours, uni ou façonné, des formes arrondies imitant des boules de neige, et de couleur différente que le fond de l'étoffe sur laquelle on les appliquait. Les tissus que cette ingénieuse combinaison de fers permit de produire, employés pour gilets, comme aussi pour la *confection*, eurent un très-grand succès, et conservèrent longtemps la vogue qui les accueillit à leur apparition.

5. En 1842 ou 1843, une maison de Lyon entreprit la fabrication de velours unis de 8 mètres, 20 centimètres de large, que l'on destinait à l'ameublement.

Le principal obstacle que présentait la confection d'un tissu de telle largeur, consistait à obtenir des fers d'une semblable dimension, qui fussent exempts de l'inconvénient de tordre ou de produire des *cassures*, et combinés de manière à pouvoir se soutenir sur une pareille longueur. Les difficultés que l'on devait rencontrer pour établir des fers réunissant les conditions voulues, ne pouvaient être appréciées et surmontées que par un fabricant consommé, et d'une habileté hors ligne.

Il était réservé à M. Saint-Paul de résoudre ce difficile problème ; grâce à ses savantes combinaisons, on eut des fers tels qu'il les fallait, tels que les nécessitait une fabrication spéciale et tout-à-fait exceptionnelle.

Exposés dans la grande salle de notre Hôtel-de-Ville, des velours de cette sorte provoquèrent l'admiration générale. Habitants de Lyon, étrangers de passage, visitèrent à l'envi cette curieuse exhibition, et tous s'extasièrent devant ces produits extraordinaires, que l'on pouvait classer parmi les tours de force, car rien de pareil ne s'était fait auparavant.

4. L'une des inventions de M. Saint-Paul qui, si elle ne produisit pas d'aussi brillants résultats que celle dont nous venons de parler, se recommande du moins par un caractère de haute utilité, c'est la *Jauge triangulaire*, destinée à remplacer les jauges carrées, seules en usage jusqu'alors. Ce nouveau système de jauge avait, sur l'ancien, l'avantage d'une plus grande précision ; il permettait de se rendre compte plus aisément et avec plus d'exactitude, des variétés de hauteur de poils dans les velours. Aussi, l'instrument appelé jauge triangulaire ne tarda pas d'être apprécié selon sa valeur ; il devint d'un emploi à peu près général ; on peut affirmer qu'il a rendu

d'immenses services à MM. les fabricants, en leur permettant d'établir d'une manière précise les prix de revient ; car, à cet effet, un *barême* ou *table* avait été calculé par M. Saint-Paul, pour servir de base aux fabricants, en indiquant la quantité exacte de matière à employer dans les velours. (Voir notre *Dictionnaire des Tissus*, tome 2me, pages 154 et suivantes.)

5. Si nous remontons à une trentaine d'années, nous voyons le procédé du *flambage,* affecté exclusivement aux tissus mousselines. M. Saint-Paul essaya de l'appliquer aux velours pour en enlever le duvet. Sa tentative réussit, et ce fut là une idée heureuse dont comprennent parfaitement la portée et les avantages, ceux qui savent que jusques là, on ne connaissait, pour enlever le duvet du velours, d'autre procédé que le *rasage*, qui présentait le grave inconvénient de fatiguer le tissu. Le flambage, n'offrant pas cet inconvénient, devait prévaloir sur l'ancien système; et il a prévalu en effet.

6. En vue d'éviter les défectuosités que *l'entacage* occasionne parfois au tissu, M. Saint-Paul, infatigable dans ses recherches de procédés perfectionnés, imagina une combinaison destinée à remplacer l'entacage par un système d'enroulement des velours, système reposant sur une machine composée d'un certain nombre de rouleaux, et à laquelle est adaptée un régulateur.

Sans entrer dans plus de détails sur cette combinaison, nous constaterons qu'elle est des plus avantageuses, attendu que, maintenant la *façure* dans une situation régulière et à une distance constamment égale, elle rend le travail plus facile et moins pénible pour le tisseur.

7. Ce fut aussi M. Saint-Paul qui fit les premiers fers bombés, permettant de produire des côtes transversales, soit en frisé, soit en coupé, dans toutes les dimensions, et dans une grande variété d'articles. Les tissus fabriqués à l'aide de cette combinaison de fers de hauteurs variées, ont obtenu un immense succès ; ils se sont maintenus dans la consommation, et ont pris rang parmi les tissus que l'on peut appeler *classiques*.

8. Nous arrivons à celle des inventions de M. Saint-Paul, qui, à raison de sa haute importance, nécessitera quelques détails et explications.

En 1842, la fabrication des velours nouveautés avait pris de prodigieux développements. Parmi le grand nombre de créations qui surgirent vers cette époque, il en est une plus particulièrement intéressante, parce qu'elle renfermait une idée entièrement neuve et sans précédent dans le passé.

Un tisseur de notre ville, nommé *Sauzion*, eut l'idée de faire un rabot portant sur des roulettes ovales, et produisant l'effet d'un chiné coupé et frisé sur le même fer. Mais les combinaisons de M. Sauzion se présentaient sous une forme tellement imparfaite, et leur application devait offrir tant de difficultés, qu'elles ne pouvaient produire que des résultats insignifiants. A la vérité, il y avait bien, dans ce que M. Sauzion avait imaginé, le germe d'une idée heureuse ; mais il fallait, pour qu'elle devînt féconde et utile, une entente raisonnée des ressources mécaniques qui seules pouvaient en amener le développement. Et pourtant, toute imparfaite qu'elle était, cette innovation fut magnifiquement récompensée, puisque, en 1845, sur le rapport de M. Grandperret, l'Académie de Lyon décerna à M. Sauzion, *une médaille d'or*.

Comme l'invention dont il s'agit, rentrait par sa nature, dans le domaine de la spécialité industrielle qu'exploitait M. Saint-Paul, ce dernier, tout en se rendant parfaitement compte des difficultés que présentait le travail du *rabot Sauzion*, comprit en même temps les résultats que pourrait produire cette idée restée à l'état d'ébauche. Il s'appliqua donc à la développer, en lui faisant subir une transformation presque complète, et en y appliquant des moyens très-simples et très-pratiques, qui permettraient de donner une application très-étendue à une combinaison laissée incomplète par celui qui l'avait imaginée en premier lieu.

A l'aide de son génie et de son aptitude vraiment surprenante pour tout ce qui se rattachait à la mécanique, M. Saint-Paul changea ce qu'il y avait de vicieux dans le rabot de M. Sauzion. Il supprima les roulettes ovales qui entraient dans la combinaison primitive, et qui constituaient une entrave, parce que le rabot étant ascendant et descendant dans la main de l'ouvrier, son accompagnement dans la cannelure du fer, devenait, par cette raison, très-difficile. Il donna au rabot une position fixe, mais il rendit le pince mobile, c'est-à-dire ascendant et descendant, suivant le besoin ; de sorte que par ces ingénieuses combinaisons, le pince se prêtait à toutes les formes du dessin, malgré la fixité du rabot. Or, dans cette mobilité donnée au pince, consistait la découverte réelle, on peut le dire, la découverte immense, que M. Sauzion n'avait fait qu'ébaucher.

Pendant plusieurs années, M. Saint-Paul s'occupa constamment à élaborer, à creuser pour ainsi dire, cette idée du rabot fixe avec pince mobile et excentrique ; successivement, mais pourtant à des intervalles très-rapprochés, il imagina et produisit plusieurs variétés de rabots mécaniques, procédant toujours du même principe fondamental, mais développant de plus en plus l'idée-mère par de nouvelles et heureuses modifications.

En 1846, il obtint un brevet d'invention pour ce système de rabots, avec toutes ses variétés.

On peut lire dans notre *Dictionnaire Général des Tissus* (Tome 2e, page 106 et suivantes), la description de l'invention principale et de toutes les modifications subsidiaires qui s'y rattachent. Ces détails, on le comprendra sans peine, ne pouvaient trouver place dans cette simple notice; mais nous mentionnerons ici le procès que M. Saint-Paul eut à soutenir contre MM. Penel, fabricants à Lyon ; procès dans lequel il succomba, soit parce que ses adversaires surent adroitement tirer parti des avantages de leur position sociale ; soit parce que sa défense manqua des arguments qui auraient pu le faire triompher. Voici comment se passèrent les choses :

Un chef d'atelier, travaillant pour la maison Penel, eut l'idée de faire graver une planche, à l'effet de reproduire les dessins au moyen de la gravure sur bois. Il parvint à exécuter des dessins de toutes formes, à l'aide du rabot et du pince-mobile de M. Saint-Paul. En qualité de cessionnaire des droits de ce chef d'atelier, la maison Penel prit un brevet pour cette combinaison. Or, ce perfectionnement s'était déjà présenté à la pensée de M. Saint-Paul, et s'il avait différé de mettre à exécution la combinaison qu'exploitèrent MM. Penel, c'était par suite d'engagements pris avec des fabricants auxquels il avait cédé temporairement le droit d'exploitation de son système breveté. Par suite, MM. Penel ayant pris pied, pour ainsi dire, dans l'invention de M. Saint Paul, celui-ci se trouva frustré des avantages qu'il avait lieu d'espérer, et auxquels lui donnait de légitimes droits la propriété incontestable de l'idée-mère, c'est-à-dire du pince-mobile ascendant et descendant. Il est facile de comprendre, en effet, que l'idée de graver une planche n'était rien par elle-même ; il fallait le moyen de l'exécuter ; or, ce moyen consistait dans le rabot, le pince ascendant et descendant et l'excentrique ; combinaisons qui appartenaient toutes à M. Saint-

Paul. C'était donc là ce qu'il était important de démontrer aux juges dans l'intérêt du véritable inventeur : c'est ce qui n'eut pas lieu.

A ce sujet, nous placerons ici quelques observations. Dans tout litige portant sur des questions de fabrique, sur des inventions ou perfectionnements de procédés applicables à une industrie aussi complexe que celle du tissage, la religion des juges peut aisément être surprise et égarée. Magistrats et avocats, si habiles jurisconsultes qu'ils puissent être, sont souvent très-embarrassés lorsqu'il s'agit d'apprécier la différence existante entre tel procédé et tel autre, qui toutes deux peuvent sembler, de prime abord, produire le même résultat ; de décider si tel moyen mécanique constitue une invention, un perfectionnement, ou une simple amélioration apportée à des procédés ou moyens déjà connus et usités. Appelé nous-même, dans mainte occasion, à fournir aux magistrats des renseignements de nature à élucider des points douteux et controversés, nous avons vu plus d'une fois les explications données par nous dans des *mémoires* ou *rapports*, faire réformer par les Cours Impériales des jugements rendus par les tribunaux de première instance, et servir à faire triompher le bon droit sur des prétentions soit injustes, soit mal fondées (1).

(1) Voir nos *mémoires* publiés pour : MM. *Seydoux Siéber* et Cie. (ancienne maison Paturle), contre MM. *Millet-Durand* — (Paris), — MM. *Vignet frères*, contre MM. *Gantillon* et autres — (Lyon), — MM. *Bouchard-Florin* de Lille, contre MM. *Harin kouk* et *Cuvillier* — (Douai), — MM. *Roche* et *Bony*, contre M. *Escoffier* — (Lyon), et bon nombre d'autres.

De tels précédents sont de nature à nous permettre de poser en principe que, dans les procès relatifs à des questions de fabrique, il est besoin de faire toucher du doigt la vérité aux juges, attendu que les appréciations qui doivent servir à la décision à intervenir, sont de la compétence exclusive des hommes du métier.

Cette digression dans laquelle nous nous sommes laissé entrainer, était nécessaire pour arriver à cette conclusion que; dans la contestation qui eut lieu entre MM. Penel et Saint-Paul, les droits de ce dernier n'ont pas été établis d'une manière précise ; car nous pensons que si les magistrats eussent été parfaitement édifiés sur le véritable point du litige, les droits de l'auteur d'une découverte importante, n'eussent pas été anihilés au profit des concessionnaires d'un simple perfectionnement.

Ainsi, cette fois encore, le frêlon a impunément dépouillé l'abeille ; la fameuse maxime : *Sic vos non vobis...* a reçu une nouvelle application.

9. Un nouveau système de mécanique Jacquard (breveté en 1844) fut combiné par M. Saint-Paul, en vue de faciliter la fabrication de certains articles *nouveautés*, au moyen de lisses de rabat. En effet, les mécaniques ordinaires, lèvent; celle créée par ce système, rabat. Or, cette disposition offrait plus d'avantage et de facilité pour la fabrication des velours nouveantés, qui étaient alors en haute faveur. Nous n'en dirons pas davantage sur cette

invention ; les détails seraient ici oiseux et superflus ; car on peut les lire dans le *Recueil des brevets*.

10. Dans sa persévérance à s'occuper sans cesse d'améliorations, M. Saint-Paul songea aux moyens d'obvier aux inconvénients qui résultaient du fréquent aiguisage des pinces a couper le velours.

On appelle *pince* (terme technique) de petites lames métalliques, adaptées à un outil appelé rabot, et servant à parcourir la cannelure d'une sorte de fil de laiton sur lequel repose le poil de velours qui doit être coupé. Le système de pince en usage avant l'introduction de celui que nous allons décrire, nécessitait un aiguisage souvent renouvelé, et d'autant plus fréquent que le poil était plus ou moins dur à couper. Quelquefois même il fallait aiguiser le pince, après avoir tissé dix centimètres d'étoffe seulement. Il résultait de ces aiguisages successifs et réitérés qu'à mesure que le pince travaillait, la fraîcheur du velours diminuait et l'étoffe tendait à blanchir peu à peu ; de sorte qu'il existait une grande différence de fraîcheur entre la partie de tissu coupée avec le pince venant d'être aiguisé, et celle qui avait été coupée ensuite ; de sorte que l'on pouvait observer, dans l'étendue d'une pièce de velours, des changements de teintes assez sensibles ; or, c'était là un défaut très-préjudiciable, pour les velours noirs principalement.

Ce fut donc pour faire disparaître ces inconvénients, que M. Saint-Paul imagina de substituer au pince jusqu'alors usité, l'acier employé dans l'horlogerie pour la suspension des pendules.

La lame d'acier qui faisait l'office du pince était placée dans un étui, lequel s'adaptait au rabot, et cela d'une manière qui permettait d'en régler facilement la précision. Il n'était pas besoin d'aiguiser cette lame, attendu que, par le frottement réitéré dans la soie, l'aiguisage s'opérait de lui-même; la pièce de velours pouvait ainsi être tissée d'un bout à l'autre avec la même fraîcheur. Un double perfectionnement se trouvait ainsi réalisé par l'application de cette ingénieuse idée; d'abord, au point de vue d'une bien plus grande régularité; en second lieu, sous le rapport de la notable perte de temps évitée à l'ouvrier. En cette circonstance, et à raison de la suppression d'un système vicieux, M. Saint-Paul, a donc rendu un service éminent à la fabrique de Lyon.

Si nous voulions la donner complète, l'énumération des améliorations utiles, inventions et perfectionnements que l'on doit à M. Saint-Paul, nous mènerait beaucoup trop loin. Bornons notre revue à celles de ses créations et combinaisons qui ont produit les plus avantageux résultats; à celles dont nous avons pu juger par nous-même, et dont notre propre expérience nous a permis d'apprécier l'utilité. Ce serait pourtant de notre part un coupable oubli, que de passer sous silence une invention pour laquelle M. Saint-Paul prit un brevet en 1849. Il s'agit d'un système de filature et de procédés combinés de manière à pouvoir filer et monter des trames simultanément, et de plus faire le flottage à tours comptés. De plus amples détails sur ce système seraient ici un hors-d'œuvre, d'autant plus que l'on peut en lire la description *in extenso* dans le *Recueil des brevets*.

II.

Nous avons suivi M. Saint-Paul, dans sa carrière industrielle qui, on peut le voir, a été largement remplie. Cette partie de notre œuvre était facile, car nous étions sur un terrain qui nous est familier. Avouons-le, la partie qui nous reste à traiter se présente à nous sous un aspect moins attrayant. Sans qu'il y ait en cela trop de présomption de notre part, nous croyons pouvoir émettre avec connaissance de cause une appréciation sur des inventions ou perfectionnements appliqués a l'industrie du tissage. Mais lors qu'il s'agit des entreprises de constructions auxquelles M. Saint-Paul s'est livré, à Lyon d'abord, puis à Marseille, nous craignons fort que l'on ne nous objecte notre incompétence *ratione materiæ*, et que l'on ne vienne nous dire : *Ne sutor ultrà crepidam*.

Hâtons-nous donc de déclarer que notre prétention n'est pas de nous ériger en juge compétent des grands travaux entrepris à Marseille par M. Saint-Paul, et qui touchent à leur achèvement. Nous mentionnerons seulement pour mémoire, ses achats de terrains et ses constructions dans le quartier des Brotteaux, à Lyon, près l'embarcadère du Chemin de fer de Genève. Ce furent d'heureuses spéculations; mais, qu'il y avait loin de ce précédent, si encourageant qu'il pût être, à l'entreprise immense dont M. Saint-Paul obtint la concession en 1865. Il ne s'agissait de rien moins que de 6,300 mètres de terrain, représentés par deux ilots (14 et 17 ter), de la nouvelle rue Impériale, ouverte à Marseille depuis peu. Or, nous l'avons déjà fait remarquer, au commencement de cet écrit, M. Saint-Paul était très-peu versé dans la science architectonique ; les enseignements de M. Dupasquier architecte à Lyon, dans le cabinet duquel il avait pris quelques leçons trente-cinq ans auparavant, devaient être un peu oubliés ; d'autant plus que des travaux assidus, et d'une nature toute différente, avaient depuis lors absorbé tous ses instants. Mais il est des organisations d'élite, possédant avec le sentiment instinctif de tout ce qui est grand et beau, cette hardiesse de vues, cette sorte d'intuition, qui caractérisent le véritable artiste. M. Saint-Paul est une de ces natures privilégiées. Il en avait donné maintes preuves par ses créations industrielles ; il l'a prouvé encore dans la nouvelle carrière ou il s'est lancé.

Bien d'autres n'auraient vu dans la concession qu'une mine à exploiter, de manière à lui faire produire le plus possible. Sans dédaigner le lucre légitime qu'il pouvait espérer de son entreprise, M. Saint-Paul ne s'est point uniquement préoccupé du positif. Les constructions qu'il a fait élever, et qui représentent, quant à présent, une valeur de sept à huit millions, offrent un aspect grandiose et monumental. Disposées selon toutes les règles de la symétrie et du goût, enrichies de sculptures, elles réunissent tous les embellissements, toute l'ornementation gracieuse que peut comporter l'architecture. On y remarque, entre autres ornements qui frappent et enchantent le regard, un vaste et beau portique, décoré de deux magnifiques statues de 2 mèt. 40 cent. de hauteur, l'une représentant l'Océan, l'autre la Méditerrannée. Chacune de ces figures allégoriques est accompagnée de ses attributs et de ses emblèmes caractéristiques. Pour nous mettre à l'abri de tout soupçon de partialité, nous devons dire que ce ne sont point nos propres impressions que nous reproduisons ici, mais celles de bon nombre de personnes de notre connaissance.

A ceux d'ailleurs qui seraient tentés de récuser les témoignages que nous invoquons, nous dirons : Allez, avec tous les voyageurs que Marseille voit affluer chaque jour dans ses murs, visiter ces magnifiques constructions qui, de l'avis unanime, peuvent avantageusement soutenir la comparaison avec les plus beaux édifices de Lyon et même de Paris. Allez, et votre admiration s'augmentera infailliblement, quand vous comparerez l'œuvre que vous aurez sous les yeux avec le court espace de temps qui a suffi pour l'accomplir ; quand tout Marseille vous dira ce qu'était, naguère encore, ce vaste espace de terrain que couvrent actuellement de splendides habitations. Vous apprécierez alors combien d'obstacles et de difficultés de toute nature on a eu à vaincre, et vous jugerez quelle activité, quelle habileté, il a fallu pour opérer en deux années cette merveilleuse transformation !

Et, disons-le, ce n'est pas le succès de cette colossale

entreprise que nous envisageons surtout; mais bien la manière dont elle a été conduite et menée à bien. Si M. Saint-Paul a obtenu un résultat plus satisfaisant peut-être qu'il n'osait l'espérer, il le doit à cette énergie puissante dont il est doué ; à cette force de volonté, dont il avait besoin en cette circonstance, plus encore que dans sa vie industrielle, puisqu'il avait à lutter contre des difficultés qu'il n'était point habitué à vaincre, lui, peu familiarisé avec de semblables opérations.

A ce propos, il n'est pas inutile de faire remarquer que, malgré les crises financières et politiques qui se sont manifestées depuis quelque temps, grâce à la bonne entente qui a toujours existé entre M. Saint-Paul et la Compagnie Immobilière, ses chantiers n'ont jamais éprouvé de temps d'arrêt, tandis que beaucoup d'autres chômaient. Aussi, a-t-il contribué pour une large part à procurer constamment du travail à la classe ouvrière si rudement éprouvée à Marseille, pendant l'hiver de 1866-67.

Depuis deux ans, M. Saint-Paul a sans cesse occupé de 1,000 à 1,200 ouvriers.

Mais surtout, on doit le féliciter de n'avoir pas borné ses désirs à faire une spéculation pécuniairement avantageuse, et d'avoir placé plus haut son ambition. On doit l'en féliciter d'autant plus, que, dans les entreprises de ce genre, trop souvent le positif et des calculs mesquins dominent seuls, excluant l'élégance et les exigences artistiques. Les constructions que M. Saint-Paul a élevées, auraient pu ne faire qu'augmenter le nombre des maisons de Marseille, tandis qu'on les voit figurer parmi les plus beaux édifices de cette grande et riche cité.

C'est donc sous le seul point de vue des embellissements dont elle a doté Marseille, et par conséquent sous le rapport de l'utilité publique, que nous considérons l'œuvre de M. Saint-Paul.

Constatons donc ce fait, que dans cette nouvelle phase de son existence, il s'est montré fidèle à ses honorables antécédents industriels. Reconnaissons en lui l'homme d'initiative, d'infatigable activité; l'homme aux vues larges et hardies, aux promptes et habiles conceptions. Honorons en lui le citoyen qui fut toujours sincèrement dévoué à l'ordre, au milieu des perturbations politiques de toutes les époques, notamment de celles qui suivirent la révolution de 1848. Ses antécédents à cet égard sont bien connus à Lyon ; sa conduite, en plus d'une circonstance, a mérité l'approbation de tous les Administrateurs; de l'un d'eux surtout, dont Lyon gardera un éternel et précieux souvenir ; nous voulons parler de M. le Sénateur Réveil. Mentionnons enfin que, partisan du véritable progrès, M. Saint-Paul fut, en 1850, l'un des premiers fondateurs de la Société des ouvriers tisseurs de Lyon. Honorons en lui l'homme qui, par ses nombreuses créations, toutes fécondes en heureux résultats, a rendu les services les plus signalés à notre fabrique ; l'homme qui, à ses beaux titres de recommandation, vient d'en ajouter de nouveaux.

Nous serions heureux si notre faible voix, en s'inspirant pour rappeler ce qu'a fait M. Saint-Paul, des accents de la pure vérité, attirait l'attention sur une vie remplie par de longs et utiles travaux; si surtout, nous pouvions contribuer à faire rendre justice à un citoyen digne à tous égards de ces distinctions flatteuses et honorifiques, par lesquelles le chef de l'Etat sait récompenser les hommes qui ont bien mérité du pays !

BEZON.

Lyon, mai 1867.

Lyon. — Imp. L. Jacquet et Vettard, rue Quatre-Chapeaux, 1.

www.ingramcontent.com/pod-product-compliance
Lightning Source LLC
Chambersburg PA
CBHW060709050426
42451CB00010B/1351